" LES QUARANTE "

COLLECTION PUBLIÉE SOUS LA DIRECTION DE JACQUES DES GACHONS

FAUTEUIL XXXV

LE MARÉCHAL JOFFRE

PAR

RENÉ BENJAMIN

ÉDITIONS DE LA LAMPE D'ARGILE

GEORGES SERVANT

25, BOULEVARD MALESHERBES

PARIS VIIIe

« LES QUARANTE »

FAUTEUIL XXXV

Le Maréchal JOFFRE

" LES QUARANTE "

COLLECTION PUBLIÉE SOUS LA DIRECTION DE JACQUES DES GACHONS

FAUTEUIL XXXV

LE MARÉCHAL JOFFRE

PAR

RENÉ BENJAMIN

SUIVI DE

PAGES INÉDITES

ET DE

L'HISTOIRE DU XXXVᵉ FAUTEUIL

ÉDITIONS DE LA LAMPE D'ARGILE

GEORGES SERVANT

25, BOULEVARD MALESHERBES

PARIS-VIIIᵉ

LE MARÉCHAL JOFFRE

PAR

RENÉ BENJAMIN

C'est chaque année quand revient le printemps, qui dans ce pays a du mordant sans trop d'éclat, que je ressens tout à coup un goût plus vif pour nos grandeurs. Dans le froid noir je supporte la médiocrité. A la lumière d'Avril, lorsqu'un vent aigrelet secoue de jeunes pousses, je pense en frémissant à nos gloires nationales. Je ne mets pas pour cela d'oriflamme à ma fenêtre ; je ne fais pas de tirades aux amis ; mais c'est l'époque où je vais revoir le tombeau de Napoléon, où j'aime entendre le *Misanthrope,* où j'entre à Notre-Dame, brusquement éclairée d'un soleil encore éphémère, où j'aime à me promener sur les places, les esplanades, pour jouir à la fois du ciel et de la ville.

Et j'étais ainsi l'autre soir au Champ de Mars,

tournant le dos comme il sied à cette monstrueuse chose, pourtant si grêle, à cette carcasse sans chair, à cet appareil démesuré, prétentieux, ridicule enfin, qu'on appelle Tour Eiffel : mais je marchais vers l'Ecole de Guerre ; et c'est un noble édifice, une des grandes beautés de Paris. Gabriel eut de la chance qui bâtit ce monument, et les deux de la Concorde. Dans une ville où il n'y a plus un mètre carré de libre, sans qu'un homme d'affaires et d'argent le convoite et l'obtienne, c'est un bonheur cette place et ce vaste terrain qui laissent à de tels palais leur sens et leur beauté. Depuis qu'elle fut construite, l'Ecole de Guerre s'est bien noircie dans le pauvre air parisien, mais lorsque le soleil baisse et tombe derrière Passy, il arrive qu'un nuage rose passe au-dessus du toit sombre : un rayon d'or se glisse sur la noire colonnade : les hautes croisées s'emplissent comme d'un éblouissement : l'art et la magie de l'heure s'unissent pour faire rêver : et l'on songe : « Qui donc y a-t-il dans cette royale demeure ? »

Il y a Joffre — le Maréchal, le Vainqueur de la Marne — enfin Joffre.

Il vient là chaque matin. Les belles fenêtres, entre les belles colonnes, ce sont les siennes. Il travaille dans la pièce d'honneur au centre de l'édifice. Il est la Victoire au cœur même de l'Ecole de Guerre. Réfléchissez : y a-t-il un homme mieux à sa place ? Un étranger, une femme du peuple, un petit enfant qui traverserait le Champ de Mars, ne serait-il pas saisi, rien que d'entendre dire : « C'est-là qu'il est... Juste au milieu ! » Ah ! la vivante image, heureuse et symbolique !

Je m'étais arrêté : je pensais à cette chance, car c'en est une : la société a très peu de gestes aussi parfaits. Et je me disais : « Le Maréchal devrait venir au balcon... rien que pour moi, pour que je voie un peu d'Histoire réalisée... » Mais je me retournai : toujours la Tour Eiffel ! Ce n'est pas une vision pour lui... Vous me direz : « Il en a vu d'autres ! » Bien entendu. Il a vu les pauvres visages des hommes jaloux et des « intellectuels » ! Les uns, d'une nature misérable, les autres avec leur parodie d'intelligence, n'admettent guère la vertu, les miracles, la renommée. Ils réduisent la grandeur à leur taille. Coûte que coûte elle doit entrer dans le champ d'un microscope. Ce sont des gens qui ne sauraient voir un lion sans dire : « Gare ! Ces bêtes-là ont de la vermine ! » — Alors la Marne..., Joffre... « Êtes-vous sûrs, ont-ils ricané, que c'est bien Joffre qui a gagné la Marne ? »... Misère humaine ! Il ne faut même pas en concevoir d'amertume. Comme c'est malin de nier une victoire ! Mais la remporter, quelle affaire ! Songez à l'allure imbécile qu'auront dans cinq cents ans de tels détracteurs. Se trouve-t-il aujourd'hui un maniaque pour discuter Charles Martel ? Joffre a comme lui sauvé une civilisation. Il ne sera pas plus que lui contesté.

Mais, me disais-je, puisqu'il ne sort pas sur son balcon, la sagesse, la bienséance, et la poésie m'invitent à l'aller voir dans ce monument. A qui s'adresser pour le voir ? A un historien ? Le pauvre homme, il en tombera de haut ! Il ne travaille pas sur des modèles vivants, mais des documents morts. Alors ? Demander au planton ? Il fait entrer qui on lui dit, non qui il veut. Eh bien, j'ai trouvé sans chercher. C'est un notaire qui m'a introduit ! Ne souriez pas : il y a toujours un notaire dans les plus belles pièces. Celui-là est un vieil ami, de l'âge du Maréchal, et c'est un charmant notaire, rêveur, passionné, aimant l'histoire, les drames, les femmes et la splendeur mélancolique d'un beau crépuscule. Voilà plus de dix ans qu'il me raconte :

— Avant de faire mon droit, j'ai préparé un an Polytechnique avec Joffre, mon cher, avec Joffre !

Et il ajoute chaque fois depuis dix ans :

— Il faudra absolument que j'aille le voir, un jour.

On ne comprend pas d'abord pourquoi un grand soldat peut attirer si fort un notaire. Mais un notaire, dans son cabinet, voit parfois des batailles aussi sanglantes que celles livrées par les armées. Enfin, ce cher homme n'ayant connu ni Bayard ni Bonaparte, voulait revoir Joffre : j'ai saisi l'occasion. J'ai dit : « Ne laissez pas passer une onzième année... » Et nous avons, l'autre matin, gravi le bel escalier, construit par Gabriel. Ce n'est pas l'escalier d'un général vaincu. Il pourrait, à la rigueur, le descendre, pas le monter. Et puis, on doit passer devant la statue de Turenne, et de quel œil celui-là vous dévisage !

Quand nous entrâmes chez le Maréchal, je ne vis pas d'abord où nous entrions : je n'admirai qu'ensuite la haute magnifique salle. Mais c'est lui que je vis, en pleine clarté : il y avait toute la lumière du Champ de Mars dans cette pièce ! Je n'eus pas de surprise : il est exactement pareil à ses portraits. Je retrouvais sa figure désormais populaire, tranquille, loyale, modeste. Il avait aussi de modestes vêtements, je veux dire qu'il était en civil. Un honnête homme du temps de Louis XVI, séduisant dans son habit de soie, dirait de nos vestons misérables : « Seigneur, quelles sont ces hardes ? » Et Duguesclin, bardé de fer, demanderait si Joffre, avec de tels habits, n'est pas aux Invalides. Par habitude de la laideur, je ne me posai hélas, aucune question !

Dès que nous entrâmes, Joffre se leva posément, s'inclina légèrement, et serra la main du notaire placidement. Après quoi, c'est le sensible notaire qui parla. Il dit les choses qu'on dit, quand on ne sait pas encore quoi dire. Joffre ne dit rien. Nous comprîmes qu'il ne subissait pas le printemps. Est-ce que nous le dérangions ? Que faisait-il ? Rien de pittoresque ni de passionnant. Il poursuit une vie d'honnête homme. Il nous montra deux fauteuils près de sa table. La table est belle : elle est Louis XV, ornée de bronzes agréables. Tout en le regardant, je saisis le bras du fauteuil dans lequel je devais m'asseoir, et il me resta dans la main. Je devins rouge. Oh ! la crasseuse administration militaire française ! A cette minute, je vis nettement que la table de Joffre était grise de poussière. Mais... Joffre lui-même ne voyait pas ; il contemplait le notaire. Tant bien que mal, sans remuer, je réajustai le bras du fauteuil. Curieux pays, de scepticisme et de laisser-aller... mais aussi de modestie. Maintenant je souriais.

Il n'y avait rien sur la table de Joffre qu'une lampe, une loupe et un Annuaire du Génie. Il n'y avait rien sur la figure de Joffre que la paix de l'équilibre.

Le notaire, en homme accoutumé à mettre de l'ordre dans un dossier, commença par évoquer le temps de leur jeunesse. Il l'évoqua tout seul. Joffre pensait : « La jeunesse... c'est loin !... » Mais le notaire se souvenait. Il avait vu arriver Joffre de sa Catalogne à seize ans ; déjà peu bavard dans sa tunique de collégien et concentré sur son travail mathématique. On eût dit que dans la vigne de son père, il avait fait provision de soleil, qu'il s'en était chargé pour la vie. Il montrait déjà un appétit robuste ; c'était la première fourchette de leur pension, qui dépendait du lycée Charlemagne. En un an il entrait à Polytechnique.

— C'est étrange, dit le notaire, je me demandais souvent, regardant les camarades, ce que tel ou tel pourrait devenir. Je n'ai jamais pressenti qu'il y aurait un maréchal !... Est-ce que d'ailleurs les grands destins s'annoncent ?

Question philosophique qui s'adressait à Joffre ; mais elle ne méritait sans doute aucune réponse parlée d'un homme dont la profession ne fut pas de philosopher, car il fit seulement signe que quant à soi, il n'avait jamais eu, d'avance, conscience de rien... Il l'indiqua avec deux yeux parfaitement clairs et bons, des yeux que la vie n'a pas vieillis.

Le notaire continua ses souvenirs. Donc il devient notaire ; et Joffre devient sapeur. Et chacun fait ce qu'il doit. Mais Joffre se voit confier des travaux qui sont au-dessus de son âge. Il construit, près de Paris, le fort de Montlignon. Fossés, remblais, remparts.... Joffre écoutait, plus immobile qu'une citadelle. Et je commençai de me dire : « La plus solide des forteresses qu'il ait jamais construite, ne serait-ce pas lui ? »

Je remarquai, à cette minute-là, qu'il y avait un gros poêle derrière son fauteuil, et derrière ce poêle noir, sur la cheminée, j'aperçus un buste blanc, un petit buste, pas du tout à l'échelle, ni de Joffre, ni du poêle : c'était un Président Carnot en réduction, — ridicule, le pauvre assassiné ! Que faisait là cette épave du mobilier de l'État ? Joffre lui opposait la rondeur de son dos vigoureux. Est-ce que même il l'avait remarquée ?

Avec ses yeux si calmes il regardait toujours le notaire, qui lui rappelait maintenant sa carrière coloniale : le Tonkin, Tombouctou, Madagascar. Voyages ; chaleurs ; fatigues. Ah ! il s'était trouvé là-bas dans des situations terribles, qu'il fallait accepter telles quelles, mais d'où il s'agissait de sortir. Joffre opina de la tête, à deux, trois reprises, si bien que le notaire se tut. Il fut traversé comme moi d'un grand pressentiment : l'impression que Joffre allait parler !

Mais... Joffre ne dit rien. Alors, c'est le notaire qui s'efforça de parler de nouveau — sur Formose, — et l'Amiral Courbet, — lequel avait demandé paraît-il un ingénieur, — et c'est pourquoi Joffre partit.

— Oui...

Ce « oui », brusquement, c'était le Maréchal qui venait de le prononcer. Sa première parole !

Elle nous immobilisa ; et nous entendîmes sa voix placide qui ajoutait :

— Il y en avait une pagaille... à Formose !

Le notaire approuva et attendit.

Plus rien.

Il se permit en ce cas de détailler lui-même : on manquait de fortifications, n'est-ce pas ? de voies de communication pas vrai ? Le Maréchal fit signe que c'était exact. Et à Tombouctou, quelles responsabilités il avait dû prendre ! En allant même contre le pouvoir civil ! Le maréchal eut un léger sourire, et on entendit :

— Sacré Grodet !

Grodet, le pouvoir civil. Le notaire rit. Je dus faire comme lui. Mais sur le balcon, le drapeau, dans le vent du printemps, se mit à flotter ; et une

ombre légère de courir par la pièce. Le notaire s'en
émut.

— Un jour, dit-il gravement, après des années et
des années, où je n'avais plus entendu parler de
mon vieux camarade Joffre, j'ouvre un journal...
qu'est-ce que je lis ? Généralissime !

Le Maréchal baissa les yeux. Il avait l'air de regarder ses mains, qui effleuraient la table et sa poussière. Je pensai qu'il redoutait un éloge, qu'il
songeait au néant des choses. Du tout. Car c'est
alors qu'il parla pour la troisième fois, et qu'il dit
très lentement :

— J'ai eu là quelques mois... pour préparer mes
États-majors.

En parlant, son visage exprimait la sagesse et la
prévoyance, dont ses actes d'alors avaient été mar-
qués. Le visage de Joffre donne à la majorité des
français un contentement sans excès, mais, certain :
il est si honnête, si vigoureux ! C'est un visage de
bon vigneron, qui connait bien sa vigne et prévoit
les orages. Prévoyant la guerre, il l'a prépara. S'il
fit de grandes choses ensuite, c'est que d'abord il
avait contrôlé ses outils. Pas tous, mais ce ne fut
pas sa faute. Après un long temps de réflexion, il
compléta la phrase qu'il venait de dire par celle-ci,
qui me parut admirable :

— En temps de paix,… tous les officiers ne peuvent pas être nommés pour des raisons morales…

Puis il se tut, comme du temps de son contrôle. Son œuvre, si saine, avait suscité près de lui des collaborateurs épris du bien de l'armée. Dieu, qu'il les fit souffrir par son silence ! Que de fois ils se crurent désavoués ! Mais leur malheur, en somme, c'était eux qui le créaient : que ne virent-ils comme il se reposait sur eux, et qu'imperturbable, il continuait sa tâche ? Il ne l'acheva point : la politique veillait ; le temps lui manqua. L'affreuse guerre éclata ; ce qui ne veut pas dire qu'elle le surprit : il n'attendait qu'elle. S'il n'avait pas cru à la guerre, il ne se serait pas fait soldat. A force de fortifier tout, il était fort lui-même : l'effet de sa vie de sapeur. Les pires difficultés ne pouvaient pas l'effrayer : il était colonial. Le notaire expliqua d'ailleurs qu'il avait revu Joffre vers le mois de juin 14, à un déjeuner, et il employa avec admiration les mêmes mots que lorsqu'il le peignait à seize ans :

— Il était la première fourchette de l'armée !

Dans deux très hauts panneaux du salon qu'il occupe, on voit deux grandes batailles, peintes au xviiie siècle, de bonnes batailles pour peintres, avec des chevaux caracolant, bataillons évoluant,

et artillerie fumant dans une plaine et sur un
coteau. Il n'y eut pas de ces attraits en 1914. L'été
ne fut guère à peindre pour un paysagiste. L'Allemagne, avec sa barbarie et ses Walkyries, mit à feu
et à sang, dans un bruit de fer, la terre sensible
de France : et nos armées, d'un pas précipité, batti-
rent en retraite. Chaque fois que ce souvenir envahit
l'imagination, c'est pour le cœur un invincible
émoi ! Quelles semaines d'incompréhension, d'angoisse, de colère ! On s'attendait à la ruine, à l'escla-
vage, au miracle aussi. Et c'était un mois d'Août
d'une surprenante beauté, qui faisait dire aux uns que
la nature se moquait des hommes, aux autres qu'elle
se faisait belle pour les héros, — un mois d'Août
comblé d'or, comblé de fruits, avec des journées
angéliques, dont les crépuscules dessinaient soudain
dans le ciel, au-dessus des petites villes pacifiques,
de sanglantes chevauchées...

Il ne semble pas que l'esprit du Maréchal soit
effleuré des mêmes images que nous. C'est sans
doute qu'il ne les a pas eues. Il n'est pas poète de
son métier, ni peintre : il n'a que faire de prendre
garde aux couleurs des nuages ou de la terre. De
l'incompréhension il n'en eut aucune, puisqu'il était
au courant de tous les faits. De l'angoisse il refusait
d'en avoir ; son devoir de chef la lui interdisait, et

il pratiquait ce devoir-là depuis longtemps. De la colère enfin ? Son équilibre est trop parfait pour sombrer dans ce tumulte. Au mois d'Août 1914, il ne veillait pas seulement à la retraite des armées. Il réglait aussi celle d'une soixantaine de généraux. Grave, ferme, et sûr de soi il enlevait aux corps d'armée, aux divisions, aux brigades, à l'heure où elles étaient affaiblies, en pleine panique — raison de plus — tous les inaptes, que les condescendances du temps de paix ne lui avaient pas permis de mettre encore de côté. Il leur signifiait simplement : « Vous êtes relevé de vos fonctions ». Il les faisait mettre en voiture à destination de Limoges et de Bordeaux. Et il prévenait le ministre. « Officier disponible ». Voilà bien ce qu'il se rappelle, voilà ce qu'il nous indique en prenant la parole pour la quatrième fois :

— J'ai été obligé... de me séparer.... de pas mal de chefs de corps.

Il a parlé très simplement, mais ses sourcils se sont avancés. Ils sont d'un poil serré, merveilleusement planté. Ils sont drus et sages. C'est la ténacité de ce visage réfléchi.

Il arrive, quand on pense à Joffre, qu'on le plaigne d'une disgrâce infligée par la politique ; et on oublie de le louer d'avoir su d'abord disgracier tant d'officiers créés par des politiciens. La Marne fut une double victoire sur des Français insuffisants et sur la suffisance allemande. Et il mena de front les deux combats.

Le notaire a su tout cela dès le premier jour, parce qu'il avait un fils, capitaine à l'État-Major de Joffre — oh ! ce n'était pas par recommandation : Joffre ne l'a même pas su ! — et un autre, qui sergent, se battit aux frontières, recula jusqu'à Meaux, et tomba le 7 Septembre, dans un champ de blé pas moissonné.

— Tu l'aurais bien aimé, Joffre. Il était si calme !..

C'est la première fois, depuis que nous sommes devant le Maréchal, que le notaire le tutoie. Jusqu'ici, il n'a pas dit « vous » comme font les étrangers. Il a parlé de lui à la troisième personne, comme feront les historiens. Puis, tout à coup, dans l'émotion, il le tutoie, comme aurait fait Virgile.

Son fils est enterré tout contre la rivière.

— Quelle rivière ? demande le Maréchal, qui fait entendre ainsi sa cinquième parole.

— La Marne, Joffre, dit le notaire.

A partir de là, je ne sais plus ce qui fut dit, ou simplement pensé, j'entends par le notaire et moi, car je sais que Joffre n'a rien dit : mais son silence faisait de lui une statue vivante, qui en imposait à notre imagination. Quelques mots, et nous revoyions les événements : ils défilaient devant nous, pathétiques.

Joffre est, avant la Marne, un homme qui a confiance. En soi d'abord ; tout lui a réussi : sa vie a été simple, ordonnée, chanceuse ; il ne craint donc pas le destin. Mais son optimisme l'entraîne à se fier aux autres aussi. Pourquoi les autres, à leurs places, ne feraient-ils pas ce qu'il fait à la sienne ? Cette logique n'a pas toujours tort. Il compte sur les Russes. Le grand Duc Nicolas Nicolaievitch lui a juré qu'il attaquerait avant d'être prêt. Au risque d'être blâmé par l'histoire militaire, il attaque. Joffre le silencieux s'écrie : « Ah ! l'honnête homme ! » — Il compte sur les Anglais. C'est à cause d'eux, pour les décider à entrer dans la guerre, qu'il accepte sans regret le recul de dix kilomètres. C'est à cause d'eux qu'il hésite, au début de Septembre, à reprendre l'offensive. Se battront-ils ? Le Maréchal French a comme ordre de ne pas compromettre son armée. C'est peu. Mais le 4 enfin, vers dix heures du matin, le quartier général, installé à Bar-sur-Aube, reçoit l'assurance que les Anglais se battront. Le Général Joffre a eu une nuit fatigante. A neuf heures, il a présidé un conseil difficile. Il dort. Son major général, le général Belin, n'hésite pas à l'éveiller. Joffre est en chemise, culotte, chaussettes. Il se redresse sur son lit : et dans cette tenue qui n'a rien d'officiel, il prononce avec force sept mots qui décident de la marche de l'Histoire :

— Alors... on se battra sur la Marne.

Le soir du même jour, un ordre est expédié : « *Le 6 au matin, sur tout le front, on reprendra l'offensive.* » Mais le 5, voici que nous ne sommes plus sûr que les Anglais se battront. Peuple terrible, peuple ondoyant, comme la mer qui l'entoure! Joffre ne s'émeut pas : il part en auto : c'est tout simple : il verra French lui-même. Il ne sait pas l'anglais, mais il sait parler de l'honneur en français. Ce qu'il dit est bref et clair ; un interprète traduit. French devient rouge, et déclare qu'il se battra. Quand Joffre rentre au Quartier Général, le 5 au soir, il n'y a pas de raisons pour que son optimisme soit entamé.

Il continue donc d'avoir bon appétit ; il ne laisse voir aucune inquiétude d'aucune sorte. S'il reçoit de fâcheuses nouvelles, il ne s'en fait pas de souci avant qu'elles soient vérifiées, et lorsqu'elles le sont, il ne s'en soucie plus, parce que son inaltérable bon sens lui a déjà proposé quelques remèdes.

D'ailleurs, il ne s'hypnotise jamais sur tel ou tel détail, sur une défaite ici ou là. Jamais il ne perd de vue qu'il est généralissime, c'est-à-dire qu'il a à remporter une victoire générale. C'est l'ensemble qu'il voit, dans l'espace et dans le temps. De même, il s'inspirera de tous ceux qui l'entourent. Il écoute, il emporte, il réfléchit, quelquefois il dort ; puis il décide. C'est un classique : il prend son bien où il le trouve. Il établira un plan génial, en contenant l'audace de celui-ci par la prudence de celui-là, en élargissant les vues précises de l'un, avec l'envolée d'imagination de l'autre, en se servant de tous, en restant soi, — silencieusement. Mais ce silence, qui décevait en temps de paix, rassure en temps de guerre. Lorsque chacun combine, s'agite, et ment, le silence étonne et est raillé. Tandis qu'à l'heure dangereuse, où les faibles s'épanchent à tort et à travers, quelle force que le silence ! Une des tragédies les plus meurtrières se joue sur la terre française. Toute l'Europe est engagée, ou va l'être, frémit, et attend. Il y a déjà des milliers et des milliers de pauvres morts, des villages entiers de femmes, de vieux et d'enfants, jetés sur les chemins, des villes en flammes, le malheur et la terreur partout. Il dépend du Général Joffre, de la conduite heureuse de sa pensée, de la trempe de son caractère, que le fléau s’étende ou soit contenu.

— Joffre ! Ah ! Joffre ! s’est mis à dire le notaire, comme on le dira, comme on le répètera des centaines et des centaines d’années. Joffre. tes mains tenaient tout ce que nous aimions, et tes mains n’ont pas tremblé !

Ces mains de sauveur sont toujours là, au-dessus de la table, simples, modestes, tantôt sur la loupe, tantôt sur l’Annuaire du Génie. Et je pense : « C’est cette main gauche, qui, lentement, a tiré le stylo de la poche de la tunique ; c’est cette main droite qui lentement l’a pris, puis a signé l’ordre du 6 septembre : « *Au moment où s’engage une bataille d’où dépend le salut du pays, il importe de rappeler à tous...* »

Il importe ! Pas trace de romantisme dans ce qu’écrit cette main-là. Main de sage, et qui n’a pas tremblé, parce que la pensée restait ferme, ne s’égarant sur rien d’inutile ni d’imprudent, mais s’était ramassée sur quelques formules encourageantes. Le ciel est pur au-dessus de Rivesaltes, où le Maréchal est né ; l’esprit des vignerons ne part à la suite d’aucun fantôme. Et il me semble qu’il se résuma, avec sa raison courageuse, lorsqu’il nous dit d’une voix sereine — et ce fut la sixième fois qu’il voulut bien parler :

— Un général n'est battu, que quand il se croit battu...

Il y a des mots qui font rêver : je levai les yeux... et je vis alors, ce que je n'avais pas vu, le couronnement de cette pièce où se tient le Maréchal. C'est une magnificence ! Au haut du mur, des quatre murs, une frise de casques, tous dorés, prêts pour une revue, et qui rendent les honneurs. Où sont les guerriers qui les portent ? Morts sans doute ; ils représentent la gloire après le combat, la gloire militaire, pacifique et méditative, et le cœur se recueille et l'esprit songe devant cet alignement d'armures privées de visages.

L'homme de guerre, qui vient de dire un mot si fort sous cette glorieuse couronne, sera l'objet dans l'Histoire d'une page éblouissante. Il le sait. Le frémissant notaire le lui dit, et il fait signe : « C'est vrai... » Il n'est pas insensible aux honneurs. Il les trouve justes, en homme sensé. Ce serait étrange qu'il fût tout seul à ne pas savoir qu'il a sauvé le pays ; mais dès lors qu'il le sait, il trouve naturel qu'on l'honore.

— Même de l'Académie ! dit le notaire, familier. Est-ce qu'on est bien sous la Coupole ?

Magique question ! Le Maréchal cette fois a répondu tout de suite :

— Tout le monde, là-bas, est gentil avec moi...

La septième phrase que nous entendions de lui. Il n'en dit pas plus : c'est assez, pour nous faire revoir en une rêverie mélancolique, dans une lumière trouble, les innombrables dénigreurs qui s'acharnèrent sur lui, et contre qui il ne se défendit pas. Quand il préparait la guerre, le silence s'imposait. Quand il préparait la Marne, puisqu'il cherchait où se battre, il n'y avait rien à dire. Quand enfin les crapauds s'évertuèrent à lui nier sa victoire, eût-il été digne qu'il criât « Au voleur ! » Ce fut peut-être le plus beau de ses silences. Il l'a expliqué, un jour, en trois mots : « On ne répond pas à des subordonnés. » Or, il est Maréchal de France, donc il a tout le monde sous ses ordres, et à personne jamais il ne répondra.

— Hugo aurait dit de toi que tu es formidable, Joffre ! dit le notaire en se levant.

Joffre, aussitôt, se leva aussi. Le notaire souriait. Joffre sourit. Bien que ses sourcils eussent l'air intimidant, son visage était doux, éclairé de ce sourire.

— Aimes-tu Victor Hugo ? dit le notaire avec fièvre.

Le sourire s'évanouit. Est-ce donc qu'il ne

l'aimait pas ? Non point. Mais il fit signe... que la question d'aimer ou de ne pas aimer un tel poète ne s'était jamais posée pour lui, soldat. Alors, passant du particulier au général, le notaire demanda :

— Y a-t-il des livres que tu aimes, Joffre ?

Des livres ? Le Maréchal réfléchit. Un instant il ferma les yeux ; puis, il eut la même expression de détachement.

— Bien sûr, reprit le notaire, tu n'as jamais eu le temps de lire !

La tête du Maréchal fit un petit oui, puis un petit non. Oui voulait dire : « C'est cela » et non : « Je n'ai pas eu le temps. »

Le notaire lui tendit la main, en exprimant son émotion de l'avoir revu.

— A présent, dit-il gaiement, nous ne nous reverrons peut-être... que dans un autre monde !

La physionomie de Joffre n'indiqua ni surprise, ni résignation, rien que le calme infini qu'elle reflétait déjà. Cette parole notariale exprimait un avis, et ne demandait aucune réponse. Même par les yeux, Joffre fut muet.

Mais le notaire n'avait pas une nature à le rester. Et il dit encore :

— Dieu, ou pas de Dieu, c'est la question !

Est-ce que le Maréchal Joffre a quelque idée là-dessus ?

Le vainqueur de la Marne considéra son vieil ami longuement, avec une bonté évidente, mais concentrée et immobile, puis il laissa voir comme une nuance de tristesse ou de fatigue.

Dieu ou pas de Dieu! Il fronça ses étonnants sourcils, l'air de dire : « A quoi pense-t-il? Où donc va-t-il chercher ces choses ? » Et sa bouche s'ouvrit, sa fine bouche que les paroles n'ont pas lassée. Que nous étions attentifs ! Comme le silence régnait, jusque sur le Champ de Mars, me sembla-t-il... Enfin, sa voix, dont nous entendions le son pour la huitième et dernière fois — après un petit murmure de gentillesse et comme d'excuse, — laissa tomber ces mots :

— ... Chacun son métier !

L'Histoire enregistrera comment il a fait le sien. Les livres d'écoliers montreront son visage exemplaire, sur la page où la Marne sera contée, et les enfants auront la même impression que nous, d'une tête de Juste : des yeux ouverts, pleins de loyauté, une bouche fermée, pleine de sagesse. Dans cent ans, il sera difficile, à son sujet, de passionner le débat : sa gloire est simple. Et ce serait dès aujourd'hui une petitesse de remar-

quer que sans doute Joffre aima, défendit et sauva
son pays, mais qu'il ne fut pas bouleversé par le
mystère du monde, la douceur du jour, les lys,
les roses, et la souveraine poésie. Qu'importe ! Il
inspirera lui-même plus d'un poète, et son mutisme
est mystérieux.

Lorsque nous descendîmes le vaste escalier de
Gabriel, en passant devant Turenne, qui eut les
sourcils de Joffre, je songeais au proverbe étonnant
des Arabes :

« Ne parle que quand tu es bien sûr que ce que
tu vas dire est plus beau que le silence. »

René Benjamin.

AUTOGRAPHE

DU

MARÉCHAL JOFFRE

Châtillon-sur-Seine, 6 septembre 1914,
7 h. matin

Au moment où s'engage une bataille dont dépend le sort du pays, il importe de rappeler à tous que le moment n'est plus de regarder en arrière : tous les efforts doivent être employés à attaquer et à refouler l'ennemi. Une troupe qui ne peut plus avancer devra, coûte que coûte, garder le terrain conquis et se faire tuer sur place plutôt que de reculer. Dans les circonstances actuelles, aucune défaillance ne peut être tolérée.

J. Joffre

LA CARRIÈRE

DU

MARÉCHAL JOFFRE

LA CARRIÈRE DU MARÉCHAL JOFFRE

Césaire-*Joseph*-Jacques JOFFRE est né à Rivesaltes
(Pyrénées-Orientales) le 12 janvier 1852. Fils d'un ton-
nelier, il fit de bonnes études au collège de Perpignan
et obtint des nominations au Concours Général en géo-
métrie et en dessin. A dix-sept ans, il est reçu à l'Ecole
Polytechnique. La guerre ayant éclaté comme il ter-
minait sa première année, il est envoyé en qualité de
sous-lieutenant d'artillerie dans un fort de Paris.
Après la guerre, et sa sortie définitive de Polytechnique, il suit les cours de l'Ecole de Fontainebleau,
d'où il va, lieutenant à vingt ans. diriger la construc-
tion du fort de Montlignon puis sur la frontière pyré-
néenne. Capitaine à vingt-quatre ans (1876). En 1885
il fait partie, sur sa demande, du corps expéditionnaire
de l'amiral Courbet en Extrême Orient. Se distingue à

Formose et est fait chevalier de la Légion d'honneur. En 1886, il est chargé d'organiser les fortifications du Haut Tonkin et vit trois ans dans la brousse tonkinoise. Il rentre en France comme chef de bataillon au régiment de chemins de fer et professeur à l'Ecole de Fontainebleau (1889). En 1892, il est envoyé au Soudan pour améliorer la voie du chemin de fer de Kayes à Bafoulabé et tracer la voie de Kita au Niger.

Et nous arrivons au premier grand épisode de la vie du futur maréchal : l'expédition de Tombouctou. La colonne Bonnier, descendant le Niger en pirogues, était entré dans la ville mystérieuse le 10 janvier 1894 et en avait pris possession. La colonne Joffre, qui formait le convoi de la colonne Bonnier, suivait par voie de terre. Dans la nuit du 14 au 15, le lieutenant-colonel Bonnier, parti au devant de Joffre pour le protéger des Touaregs, est massacré avec presque tout son détachement. Le 8 février, Joffre arrive sur les lieux du combat, à Tacoubao, recueille les restes de ses compagnons d'armes et entre dans Tombouctou dont il assure la conquête et qu'il organise, après avoir reçu la soumission des tribus environnantes. Il est promu officier de la Légion d'honneur et lieutenant-colonel (1894).

En 1896, après avoir publié *Ma Marche sur Tombouctou*, il est nommé secrétaire de la Commission des inventions. Promu colonel en 1897, il est envoyé en janvier 1900 à Madagascar. Collaborateur du général Galliéni, il aménage le point d'appui de Diégo-Suarez. Nommé général de brigade en 1901, il passe, deux ans plus tard, à la direction du génie au ministère de la guerre, puis il commande la 6ᵉ division à Paris.

Commandant le 2ᵉ corps à Amiens, il est rappelé en 1910 à Paris au Conseil supérieur de la guerre. Le gouvernement décidé à élargir les attributions du futur généralissime en le faisant en temps de paix chef d'état-major général choisit le général Joffre — le général Pau ayant décliné cet honneur et ayant désigné Joffre au ministre de la guerre. C'est au cours de ce commandement que le cabinet présidé par Louis Barthou, justement inquiet des dispositions belliqueuses de l'Allemagne. décide de présenter au Parlement la loi de trois ans. Le général Joffre, commissaire du gouvernement, dut paraître à la Chambre pour appuyer le projet gouvernemental. Avec calme, précision, énergie. et sans jamais se laisser démonter par les interprétations très nombreuses auxquelles il dut répondre, le général Joffre remplit sa tâche et contribua au vote de la loi.

Puis il élabora un grand programme de travaux particulièrement pour l'artillerie, un plan de concentration et un plan d'opération.

La guerre déclarée, on ne put qu'applaudir à l'extraordinaire précision avec laquelle se fit la mobilisation. C'était l'œuvre du général et de son état-major.

Ce n'est point ici le lieu de refaire les terribles et glorieuses étapes de la guerre. Recopions seulement le fameux ordre du jour du 6 septembre 1914 que l'on a vu plus haut, transcrit, pour nous, de la propre main du maréchal :

« Au moment où s'engage une bataille dont dépend
le salut du pays, il importe de rappeler à tous que le
moment n'est plus de regarder en arrière. Tous les
efforts doivent être employés à attaquer et à refouler
l'ennemi. Une troupe qui ne peut plus avancer devra
coûte que coûte garder le terrain et se faire tuer sur
place plutôt que de reculer. Dans les circonstances
actuelles aucune défaillance ne peut être tolérée. »

C'était le signal, l'annonciateur dernier coup de
clairon de la victoire de la Marne que, le 12 septembre,
le général télégraphia au ministre de la guerre.

Puis ce fut la guerre de tranchées, le « grignotage »
incessant selon l'expression du généralissime. Nous
nous battons, nous attaquons partout, en Artois, en
Champagne.

En 1916, le général Joffre fait adopter le plan d'une
grande offensive franco-anglaise qui sera déclanchée
au début de juillet, à cheval sur la Somme. Les Allemands l'ont pressentie et pour détourner, pour parer
d'avance le coup, ils entament la bataille de Verdun
(21 février 1916). Malgré cette terrible ruée, le général
Joffre maintient sa décision : à la date qu'il s'est fixée,
il engage la bataille de la Somme qui mit les Allemands
à deux doigts de leur perte. Cette année 1916 marque
donc bien la puissance de la volonté du commandant
en chef de nos armées. Si nous avions obéi aux sug-
gestions allemandes en réservant toutes nos forces à
la défense de Verdun, nous étions vaincus, puisque être
victorieux c'est avoir imposé sa volonté à l'ennemi.

A la fin de 1916, aux termes de l'ordre du jour

voté par la Chambre (7 décembre), le gouvernement réorganise le haut commandement. Le général Joffre, conservant le titre de commandant en chef des armées françaises, est nommé (13 décembre) conseiller technique du comité de guerre et président du conseil supérieur militaire des Alliés. Le 26 décembre Joffre est élevé à la dignité de maréchal de France, spécialement rétablie pour lui.

Au printemps de 1917, il est envoyé en mission aux Etats-Unis et son immense popularité gagne à notre cause la grande nation. Ainsi la préparation de l'intervention américaine, facteur décisif de la victoire, est due au généralissime.

De retour en France, il vécut dans une laborieuse retraite. Fidèle à sa doctrine il ne cessa de préconiser l'unité de commandement et ses efforts contribuèrent à y gagner le gouvernement.

Après le défilé du 14 juillet 1919 où, pour la dernière fois, le maréchal parut à la tête de ses troupes, il alla représenter la France à l'étranger, en Espagne, à la fin de 1919, en 1920 en Roumanie, où il porta la croix de guerre au roi et aux villes roumaines et en 1921, en Extrême-Orient, pour saluer les souverains et les pays qui avaient été nos alliés.

Vainqueur de la plus formidable bataille qu'ait vue le monde, n'ayant jamais, au milieu des difficultés les plus graves, désespéré de la France, ayant personnifié pendant trois ans, l'indomptable volonté française, ayant su choisir les généraux qui, après lui, ont terminé glorieusement la guerre, doué d'un exact et minutieux génie organisateur, sympathique à ses troupes par sa grande bonté, le maréchal Joffre vivra dans notre histoire parmi nos grands chefs militaires.

Après avoir été élu, à l'unanimité, le 14 février 1918, le maréchal Joffre a été reçu à l'Académie Française le 19 décembre, par Jean Richepin. Il avait choisi pour parrains : MM. de Freycinet et G. Hanotaux.

J. DES G.

UN DISCOURS

DU

MARÉCHAL JOFFRE

REMERCIEMENT DU MARÉCHAL JOFFRE
A L'ACADÉMIE

Je pense, Messieurs, qu'en me faisant l'honneur de m'accueillir parmi vous, vous avez voulu rendre hommage à cette glorieuse armée française qui a tant mérité qu'on l'honore et qu'on l'aime.

Quelque reconnaissance que vous lui gardiez, quelque affection que vous ayez pour elle, vous me pardonnerez de tenter aujourd'hui de vous la faire aimer davantage. C'est que la tendresse de mon cœur est infinie pour elle et que je n'imagine pas de plus beaux soldats, de plus grands héros que ceux à la tête desquels la destinée m'a placé durant trois années.

Je me souviens des mois et des semaines qui précédèrent la guerre, alors que déjà elle apparaissait comme inévitable.

La France s'y préparait avec résolution et méthode. Grâce à la loi de trois ans, elle pouvait masser à la frontière une couverture suffisante. Elle formait ses grands Etats-Majors d'armée qui, au début de la guerre, devaient contribuer à la sauver.

Je ne puis me rappeler sans une profonde émotion les journées qui précédèrent et suivirent celle où fut signé l'ordre de mobilisation. A ces heures tragiques, je sentis naître dans l'Armée, qui venait se ranger sous mes ordres, cette résolution, ce renoncement, cette confiance qui proclament la justice de la cause et rendent les armées invincibles.

Ce peuple amoureux de liberté acceptait avec fermeté la dure servitude de la guerre, parce qu'il avait conscience d'avoir voulu sincèrement la paix, et qu'un sûr instinct lui dévoilait la grandeur de la tâche qu'il devait accomplir : faire la guerre, non seulement pour que la France demeure grande et belle, mais aussi pour que les peuples vivent libres, pour que l'honnêteté et la loyauté des faibles soient défendues contre la méchanceté et la félonie des forts.

Et comme si l'Allemagne voulait, du premier jour, confirmer cette croyance, elle prenait traîtreusement à la gorge la Belgique, petite par son territoire, grande par sa vaillance et sa loyauté, la Belgique qui, meurtrie, salie, brûlée, piétinée, après trois mois d'un long martyre, trouvait, sous l'impulsion courageuse de son roi, la force de contribuer à arrêter sur l'Yser la ruée désespérée de son formidable adversaire.

Durant ces trois mois, que de gloire avait amassée pour la France notre héroïque armée !

Vous avez voulu l'honorer en m'appelant à prendre place dans votre Compagnie, laissez-moi vous dire à qui doit aller votre reconnaissance.

A ces chefs résolus et calmes qui, toujours, dans les moments les plus tragiques, gardèrent intacte leur foi dans la victoire de nos armes, illustrant victorieusement la règle la plus vraie de tout l'art militaire, qui veut qu'un général soit battu alors seulement qu'il se croit battu.

Parmi eux, qu'il me soit permis de citer du moins celui que vous avez déjà distingué en l'appelant à siéger parmi vous, le maréchal Foch, dont l'énergie indomptable et la haute science militaire ont exercé la plus heureuse influence partout où il a commandé.

A notre corps d'Etat-Major, qui fut notre force au début de la guerre, et qui l'est demeuré malgré les pertes cruelles qui ont éclairci ses rangs. Je tiens à rendre ici un hommage solennel à ses mérites, à sa probité, à sa conscience, à son savoir.

Au cours des premières semaines de la guerre, jamais nous n'aurions pu faire ce que nous avons fait si les grands Etats-Majors d'armée n'étaient demeurés comme des rocs dans la tempête, répandant autour d'eux la clarté et le sang-froid. Ils entouraient leurs chefs, sur qui pesaient les responsabilités les plus lourdes, d'une atmosphère de confiance saine et jeune qui les soutenait et les aidait. Ils gardaient dans le labeur le plus épuisant, au cours d'une épreuve morale terrible, une lucidité de jugement, une facilité d'adaptation, une habileté d'exécution d'où devait sortir la victoire.

De tous ces Etats-Majors, le plus cher à mon cœur est ce grand quartier général, où j'ai vécu les heures les plus angoissantes de ma vie, dans le calme que donne au chef la certitude d'être entouré d'hommes dévoués et instruits, qui placent au-dessus de tout le bien de leur pays. Ces hommes qui, se dégageant de toute autre considération, ont assumé la tâche la plus difficile, ont bien mérité de la France.

Mais qu'eussent pu faire ces généraux et ces

Etats-Majors en face d'un ennemi redoutable, dis-
posant de moyens supérieurs, s'ils n'avaient commandé aux plus magnifiques soldats du monde ?
Pour louer ces soldats, les mots sont impuissants,
et seul mon cœur, s'il pouvait laisser déborder l'admiration dont il est pénétré pour eux, traduirait
l'émotion que j'éprouve en en parlant. Je les ai vus,
couverts de poussière et de boue, par tous les
temps et dans tous les secteurs, dans les neiges des
Vosges, dans les boues de l'Artois, dans les maré-
cages des Flandres toujours égaux à eux-mêmes,
bons et accueillants, affectueux et gais, supportant
les privations et les fatigues avec bonne humeur,
faisant sans hésitation et toujours simplement le
sacrifice de leur vie. Dans les yeux de ceux qui ren-
traient du combat comme dans les yeux de ceux
qui y montaient, j'ai vu toujours le même mépris
du danger, l'ignorance de la peur, la bravoure na-
tive qui donne à leurs actes d'héroïsme tant de
naturel et de beauté, et toujours aussi dans des
milliers et des milliers de regards francs et ano-
nymes, j'ai lu cette foi instinctive dans les destinées
de la France, cet amour et ce respect de la vérité,
de la justice, cette honnêteté apportée dans l'accom-
plissement du devoir journalier, qui sont la force
et la discipline de notre Armée, et qui n'appar-

tiennent qu'à elle. C'est pour cela que nos soldats sont les premiers du monde, et qu'on ne peut les voir sans les admirer, les regarder sans leur sourire, les commander sans les aimer.

Ils ont sauvé notre pays, ils nous ont acquis l'admiration du monde entier. Nous pouvons être fiers de voir toutes les nations généreuses qui se sont battues à nos côtés célébrer à l'envi le courage intelligent, la fermeté tranquille, la mâle résolution de la France.

Que le peuple de France garde dans la victoire ce ferme attachement aux idées de liberté et de justice qui ont fait sa force dans la guerre ! Qu'il conserve ce bel équilibre moral qui l'a préservé de la chute aux heures les plus dangereuses ! Qu'il n'oublie jamais que les faibles et les petits ne sauraient vivre libres dans le monde, si les forts et les grands ne sont pas toujours prêts à mettre leur force et leur puissance au service du droit.

La France doit rester, dans l'avenir, la gardienne des libertés des peuples. Les vertus dont elle a fait preuve dans cette guerre lui ont acquis à ce beau titre des droits impérissables, et l'expérience est faite désormais que sa prospérité est le gage de la tranquillité du monde.

Maréchal Joffre.

LE XXXV^c FAUTEUIL

PAR

JACQUES DES GACHONS

FAUTEUIL XXXV

<table>
<tr><td>1634. De Montmor.</td><td>1818. Cuvier.</td></tr>
<tr><td>1679. Abbé de Lavau.</td><td>1832. Dupin.</td></tr>
<tr><td>1694. Abbé de Caumartin.</td><td>1866. Cuvillier-Fleury.</td></tr>
<tr><td>1733. De Montcrif.</td><td>1888. Jules Claretie.</td></tr>
<tr><td>1771. De Roquelaure.</td><td>1918. Maréchal Joffre.</td></tr>
</table>

Il y avait à Viroflay, avant la guerre, une oasis de verdure où aimait à passer les mois chauds un homme que la vie de Paris avait bien de la peine à laisser sortir de son engrenage. Je l'eus pour voisin durant une dizaine d'années ; je pus ainsi, comme tout le monde, apprécier son esquise bonté, son inlassable complaisance, son insondable cordialité.

A ces qualités et à leurs épithètes qui n'a déjà reconnu Jules Claretie, administrateur de la Comédie-Française, historien, romancier, auteur dramatique et surtout le plus amusant, le mieux documenté des chroniqueurs. Il possédait sur toutes choses et sur toutes gens, dans sa mémoire et dans ses dossiers, l'information la plus sûre, la plus variée et la moins rébarbative.

J'aurais aimé à m'entretenir souvent avec lui et et il ne m'eut pas refusé ce plaisir renouvelé.

Il a écrit dans son carnet intime : « Si je n'ai pas rendu tous les services qu'on m'a demandés, c'est que je n'ai pas pu. J'ai fait de mon mieux et ma bienveillance n'était ni calcul, ni nonchaloir, mais indulgence de nature. Je ne sais pas haïr. J'ai des colères, je n'ai pas de rancune. Je n'ai pas aimé beaucoup de gens, mais j'ai adoré ceux qui m'ont été chers ! »

Il a avoué, un jour, qu'il n'aurait pu dormir tranquille s'il avait pu se dire : « Quelqu'un attend trois lignes de moi et il ne les aura pas demain matin. » Une telle générosité appelle la discrétion. Je n'ai donc pas abusé de mon voisinage. Cependant il m'est arrivé quelquefois de sonner à la petite porte que ne connaissaient pas les visiteurs parisiens ; la grille officielle donnait sur le gravier de larges allées et sur un massif de somptueux bégonias ; la petite porte s'ouvrait sur une pelouse débonnaire où chevrotait éperduement une chevrette blanche et autour de laquelle couraient de jeunes enfants de bonne mine. Mais je n'avais pas fait trois pas vers la maison qu'apparaissait derrière les troènes un homme assez grand, mince, tout penché pour aller plus vite et vêtu d'une cotte bretonne brune décorée de jaunes broderies qui se mariaient aimablement aux fleurs des parterres et aux arbustes. Il avait encore vingt mètres à parcourir et déjà ses mains se tendaient :

— Quelle bonne idée vous avez eue !

Je refoulais mes remords. Si le soleil l'exigeait nous allions nous asseoir dans le frais salon aux larges baies ; le plus souvent nous tournions autour du domaine des enfants et de la chevrette blanche.

— Combien avez-vous reçu de livres, ce matin ?
— Cinq !
— Moi aussi.
— Et de lettres, mon cher maître ?
— Dix-huit !
— Je pensais bien être battu...
— Et content !...
— Ce sont les livres qui m'inquiètent. Ma petite

maison se remplit. Que faire ? J'étais justement venu vous demander conseil...

— Ah ! cher ami, gardez tout. Si vous en vendez seulement un, c'est de celui-là que vous aurez besoin dans six mois. Il vous faudra l'acheter, et puis cet autre, et cela vous coûtera très cher. Fatras, dites-vous ! Ce fatras, c'est la fortune. Thésaurisez, mon cher voisin, thésaurisez... Dans vingt ans, si je suis encore de ce monde, vous viendrez me remercier...

Les vingt ans sont révolus. Jules Claretie n'est plus de ce monde. Cependant j'ai voulu aller lui dire ma reconnaissance. Je savais où le trouver. Nous étions en cette chaude saison où les bosquets de Versailles sont la plus agréable des promenades et parmi celles qu'il préférait. Il rêva toujours de faire jouer la troupe de Molière dans le Parc du Roi : « Quels tons délicieux prennent ces velours d'un bleu tendre, ces corsages de soie, ces jupes rouges dans la lumière du jour ! La rampe les dévore ; le soleil les ranime. Et puis, à Versailles. Molière est chez lui mieux qu'au Palais Royal. »

Il était bien là ; il m'accueillit, à sa coutume, à cœur ouvert !

— Vous écrivez l'histoire de mon fauteuil ! Si vous saviez quel fut mon émoi aux Champs-Elysées

lorsque j'appris, le premier, il y a des grâces
d'état pour les chroniqueurs d'outre-tombe, que
c'était le vainqueur de la Marne qui me succédait !
A moi, garde national de 70 : le maréchal Joffre !
Il arrive à l'Académie de jouer des tours à ses
morts en leur dédiant d'indésirables successeurs.
Pour moi, elle m'a gâté. Le maréchal l'a bien com-
pris. Je le remercie de toute mon âme d'avoir cité
cette page de moi, datée d'août de l'Année Terrible :

« Ici, à quelques lieues de la ligne de la Sarre
que les Prussiens peuvent franchir, mon sang bat
plus vite, et je comprends les angoisses et les réso-
lutions des hommes de 1792, à qui l'on annonçait
l'envahissement de la Patrie.

« Chère France, dans cette partie douloureuse
et décisive, tu mets pour enjeu ce que tu n'as jamais
refusé à personne, ni à tes maîtres ni à tes alliés ;
France du sacrifice, pays dont le nom même est
beau, France des volontaires intrépides, France de
Hoche et de Marceau, tu donnes sans compter ton
sang, ta résolution, ta fermeté, ta vaillance, tout
ce qui, grâce à toi, a fait avancer le monde par
l'Idée et a fait reculer l'ennemi par le courage.
Allons, la Nation existe toujours. La Patrie ! le seul
nom qu'on ait maintenant aux lèvres, le seul
amour qu'on ait maintenant au cœur ! »

Le vieux patriote que j'ai été n'a pas vécu assez pour applaudir à la Victoire et à la rentrée des Provinces au sein maternel, mais quelle compensation ! Je m'en vais pour laisser mon fauteuil au grand chef...

Aussi « mon » fauteuil n'est plus mon fauteuil ; il n'est même plus celui de Cuvier ; il est le fauteuil de Joffre de la Marne.

C'est un fauteuil de tout repos ; il est de tradition d'y faire un assez long stage. Si Cuvier n'y séjourna que quatorze ans et Lavau quinze, Cuvillier-Fleury ne me le céda qu'après vingt-deux ans et j'y demeurai vingt-cinq. Pour les cinq autres titulaires, les chiffres sont encore plus confortables : Dupin : 34 ans ; Moncrif : 38 ans : Caumartin : 39 ans : Montmor : 45 ans : Roquelaure : 47 ans. Aussi le maréchal n'a-t-il eu que neuf prédécesseurs. Vive le fauteuil XXXV où l'on se repose un long temps. Il n'y a que le fauteuil XXVI qui soit plus conservateur. Mais n'envions pas le fauteuil du voisin. Je suis ravi d'avoir occupé vingt-cinq années cette chaise curule car vous n'ignorez pas que nos fameux fauteuils manquent de bras. Tout le monde connaît la sorte de siège que l'on offre au récipiendaire l'après-midi de sa réception. Le tambour bat sourdement sous les voûtes. Les conversations s'éteignent brusquement, les appariteurs qui jonglaient avec les tabourets canés dans les gradins du Centre disparaissent, la porte s'ouvre, le « bureau » apparaît, d'abord le directeur, celui qui va « recevoir » le nouvel Immortel, puis le chancelier et le secrétaire perpétuel. Tandis que ce trio s'installe, une autre trinité fait son entrée hésitante. L'un des parrains, l'aîné, précède son filleul qui lui-même est suivi du second parrain ; une marche, deux marches, trois marches et, de guingois, à la queue leu-leu, tant bien que mal, plutôt mal, ils se dirigent vers leur place officielle. C'est un banc de velours vert qui n'a de bras qu'aux deux extrémités de l'hémicycle. On y parvient par un étroit défilé défendu par le dossier de chêne de la banquette voisine. Vers le milieu se dresse une petite tablette supportant un verre d'eau. C'est le but ; c'est aussi un obstacle. Il s'agit d'atteindre le but en évitant l'obstacle. Les trois hommes un peu engoncés dans leur uniforme et empêtrés de leur épée y mettent toute leur application et réussissent presque toujours. Mais quels soupirs lorsqu'ils sont enfin assis sur ce banc d'amphithéâtre qui les rajeunit de quelques lustres. Encore un examen à passer, une thèse, la dernière sans doute, avec pour examinateur le confrère qui, pour la circonstance, a revêtu le même costume que vous et pour public la plus charmante et grouillante assemblée parisienne, mais la plus troublante aussi. Il est vrai que lorsqu'on l'affronte on est debout. On ne s'y trouve pas beaucoup mieux par la faute de cette étagère où il est interdit de poser la main et où un simple feuillet de notre discours ne saurait trouver son équilibre...

Quant aux sièges de la salle des réunions du jeudi, nul doute à avoir à leur sujet, ce sont bel et bien des chaises, vertes comme le tapis des tables, vertes comme les lauriers dont nous sommes, par l'imagination et la faveur de nos contemporains, couronnés. Un seul fauteuil, au bureau, pour le directeur en exercice.

Ce serait le lieu et le moment de faire l'historique du mobilier académique. Vous avez, vous-même, dans vos *Huit heures de M. Colbert*, rapporté l'anecdote qui donne Colbert comme le premier fournisseur des fauteuils :

« M. Colbert va se retirer lorsqu'il aperçoit, quoique fort honnêtement dissimulé derrière les chaises de ces messieurs, un fauteuil ! M. Colbert a exactement cet œil que La Fontaine donne au maître qui visite son domaine. M. Colbert prend à part M. Conrart qui lui fournit la clef de l'énigme et, en

même temps, les excuses du pauvre homme à qui
l'âge et les douleurs lombaires rendent intolérable
l'usage des chaises : « Qu'il garde son fauteuil, dit le
grand ministre, mais pour que l'égalité continue de
régner parmi nous, je demanderai au Roy l'autorisation d'en faire apporter, au Louvre, trente-neuf
autres. » C'est donc à M. Colbert que nous devons,
non seulement l'introduction des fauteuils à l'Académie, mais le sens nouveau du mot fauteuil, puisque aujourd'hui on brigue encore « un fauteuil »,
pour ne trouver, dans la salle des séances, que des
chaises de velours et, sous la coupole, des banquettes sur lesquelles il faut s'asseoir de travers
pour étendre les jambes et si l'on veut s'accouder. »

Cependant si c'est le roi qui ordonna au garde-
meuble d'envoyer des fauteuils à l'Académie sur la
demande de M. Colbert son premier ministre, c'est
bien au Cardinal d'Estrées que revient l'honneur
de cette faveur puisque c'est à cause de ses infirmités que le premier fauteuil avait été introduit dans
la salle des séances.

A propos du cardinal d'Estrées, il faut que je
vous rapporte le mot de Chapelain à son égard...
Ah ! pardon, aucun d'Estrées n'appartient à ce fauteuil qui seul, ce soir, vous intéresse.

Si j'étais moi-même chargé d'écrire sur le trente-

cinquième fauteuil je commencerais, cela va de soi,
par le commencement mais je situerais HABERT DE
MONTMOR dans ses terres d'Ile de France, sur le
seuil de son château du Mesnil Saint-Denis et regardant Gassendi observer une comète. Le château du
Mesnil, bâti sur le plateau qui domine la vallée de
l'Yvette, affluent de la vallée de Chevreuse, a
grande allure. J'y fus reçu fort aimablement par
M. et Mme Husson Carcenac qui le possédaient
depuis deux ou trois générations. M. Husson-Car-
cenac voulut bien me montrer les portraits
dont il avait hérité ou qu'il s'était procurés —
peintures et gravures — se rapportant à la nombreuse famille des Montmor dont trois membres
furent de l'Académie, œuvres signées Philippe de
Champagne, Claude Mellan, Pitau, etc.

Les Montmor portaient « D'azur au chevron d'or
acc. de trois anilles d'argent. » Les anilles sont de
petits crochets ou fers de moulin liés ensemble.

Le château fut toujours accueillant. Il était rem-
pli de richesses artistiques. Les boiseries, en ca-
maïeu, représentaient des têtes d'enfants, merveilleusement vivantes, et des motifs d'armoiries dessinés
par Claude la Jaille, peintre de Louis XIII et capitaine du château de Dampierre, et par Claude Pa-
callon, autre artiste de talent.

Avant de devenir écuyer de cuisine de la duchesse douairière de Guise un certain Nicolas Le Bret était à la tête des fourneaux du château du Mesnil. Or ce Nicolas avait pour fils Henry le Bret qui, après avoir été l'ami d'enfance de Savinien de Cyrano, venait de s'engager, en compagnie du futur poète, dans la compagnie des gardes de M. de Carbon de Casteljaloux. Nous sommes donc à l'époque des aventures belliqueuses de Cyrano de Bergerac. Bergerac, vous le savez, est une petite terre de la vallée de Chevreuse que possédaient les Cyrano, seigneurs de Mauvières et de Bergerac. Et cet Henry le Bret, quoique de deux ans l'aîné de Savinien de Cyrano, devait lui survivre, et, ami fidèle recueillir ses œuvres éparses et les faire éditer. C'est ainsi que l'*Histoire comique des États et Empire de la Lune* parut pour la première fois avec une préface d'Henry le Bret.

Le château du Mesnil Saint-Denis mérite donc d'avoir son nom conservé dans les annales littéraires de notre Ile de France. Henry Le Bret, devenu avocat, avant d'entrer dans les ordres et d'être nommé prévôt de la cathédrale de Montauban (il vécut en cette ville, dont il se fit l'historien, jusqu'à sa quatre-vingt-treizième année), Henry Le Bret, dis-je, prit souvent part aux brillantes conversations dans les salons du château du Mesnil. Il y retrouvait l'érudit Marin Estart, aumônier du château, l'avocat Louis Bourneau, le docte Claude Joly, curé de Saint-Nicolas-des-Champs de Paris et plus tard évêque d'Agen, et peut-être, un soir ou deux, le philosophe Gassendi venu au Mesnil pour y observer une comète. La marquise de Sévigné qui avait coutume de s'y arrêter note, un jour, qu'elle a mangé au château du Mesnil, en aimable compagnie, de succulentes tartelettes.

Cependant c'est à Paris, dans l'hôtel que Habert de Montmor possédait sur la paroisse Saint-Nicolas-des-Champs qu'avaient lieu les véritables réceptions. Une fois par semaine, il s'y tenait une assemblée de savants qui traitait des matières de physique. Sorbière rapporte, dans l'une de ses lettres, les réglements faits pour cette espèce d'académie. Gassendi éprouva dans cette maison que la possession d'un bon ami peut tenir lieu de tout. Il y vécut plusieurs années, il y mourut (1655) et Montmor, après avoir recueilli ses derniers soupirs, non seulement lui érigea un mausolée dans Saint-Nicolas-des-Champs, mais, ce qui valait encore mieux pour la gloire de son ami et pour l'intruction du public, il rassembla tous les ouvrages de ce savant en six volumes in-folio. A la tête de cette édition, se

trouve une préface latine de Montmor, écrite sensé-
ment et de bon goût. C'est presque le seul ouvrage
par où sa plume nous soit connue, à trois ou
quatre épigrammes près, qui se sont conservées
dans les recueils de son temps. Mais le poème *De
rerum natura*, où à l'envi de Lucrèce, il avait déve-
loppé toute la physique n'est point venu jusqu'à
nous... C'était, dit Huet : *Vir omnis doctrinae et su-
blimioris et humanioris amantissimus*. Il mourut à
Paris le 21 janvier 1679.

Louis IRLAND DE LAVAU qui lui succéda à l'Académie, de bonne famille, d'une noblesse fort ancienne,
pensa d'abord faire son chemin dans les affaires
étrangères mais n'en tira pas grande satisfaction.
Il quitta l'épée pour la robe « non point par ambi-
tion mais par goût et pour jouir d'une vie paisible
et réglée. » Cependant Colbert, en utilisant son
savoir de négociateur, contribua à fixer sa vie. Le
ministre désirait marier une de ses filles avec le duc
de Mortemart ; l'abbé de Lavau ayant réussi pleine-
ment cette aimable affaire, Colbert, pour marquer
sa reconnaissance, lui donna le choix des grâces
qu'il pouvait lui procurer, nous dit d'Olivet, charges,
abbayes, pensions. Que lui demanda l'abbé préféra-
blement à tout ? une place à l'Académie. De toutes
les grâces qu'on lui jetait à la tête, il choisit celle

qui dépendait le moins de M. Colbert, et pour
laquelle M. Colbert devait avoir le plus de con-
tradiction à craindre : car, quoique M. l'abbé de
Lavau fut recommandable par sa naissance, par sa
probité et par sa politesse, on doutait qu'à toutes
ces bonnes qualités il joignît, du moins jusqu'à un
certain degré, les talents d'un académicien. Mais
enfin, ses confrères, après l'avoir possédé quelque
temps, reconnurent que la supériorité des talents
pouvait être également compensée par la douceur
des mœurs et par le secret de se rendre aimable.

Plusieurs fois élu directeur de la Compagnie, ce
fut lui qui reçut Fontenelle, à l'unanime applaudis-
sement : ce fut également lui qui fut chargé de
parler sur la mort de la Dauphine et sa harangue
fut remarquée.

Vous savez que, dans ces temps héroïques, lorsqu'un académicien mourait les frais des obsèques
étaient à la charge du directeur et du chancelier en
exercice. Or il arriva, pour Pierre Corneille qu'il
mourut dans la nuit du dernier jour de septembre
au premier jour d'octobre : l'abbé de Lavau et Jean
Racine se disputèrent l'honneur de lui rendre les
devoirs funèbres. « J'étais encore directeur quand
Corneille est mort, disait l'abbé de Lavau. — Et
moi, répliquait Racine, j'ai été nommé directeur le

jour même de sa mort, avant que le service put être fait. » Dispute touchante et qui honore les deux antagonistes. C'est l'abbé qui l'emporta, à propos de quoi Benserade fit ce mot à double sens : « Si quelqu'un de nous, dit-il à Racine, avait pu prétendre d'enterrer Corneille, c'était vous, Monsieur : cependant vous ne l'avez pas fait. »

Autre abbé, autre académicien tombé dans l'obscurité : Jean-François-Paul Lefèvre de CAUMARTIN succéda en 1694 à Lavau. Il était Champenois et devint évêque de Blois. Ce fut d'ailleurs un excellent orateur tant religieux qu'académique. Il débuta de bonne heure dans l'art de parler publiquement. Il avait sept à huit ans lorsqu'il fut appelé, comme titulaire d'une abbaye considérable en Bretagne que lui avait résignée son parrain le cardinal de Retz, à entrer aux États de cette province et même présider en camail et en rochet, une commission d'usage. Le « petit Président », comme on l'appela, était-il l'auteur du discours qu'il prononça, nous pouvons en douter, mais, d'après de bons témoins, il le dit avec une grâce, une présence d'esprit qui pouvaient le lui rendre propre. Quoiqu'il n'eût encore rien produit, il montrait de si brillantes dispositions, sa réputation était telle, que l'Académie l'appela à lui alors qu'il avait à peine vingt-six ans. Il tînt, du

reste, ses promesses. En dehors des travaux que ses
fonctions pastorales exigeaient de lui, il ne quittait
pas l'étude. « Et là, dit de Boze, tout était de son
ressort : histoire, critique, généalogies, systèmes,
découvertes : et, pour satisfaire plus aisément un
goût que le séjour de la province ne pouvait dimi-
nuer, il acquit en arrivant à Blois, siège de son
évêché, la bibliothèque de son prédécesseur, quoiqu'il en eût déjà une très nombreuse à Paris. Il
poursuivait, par une étude assidue, la connaissance
des langues savantes, dont il avait été imbu dans sa
jeunesse, et cette connaissance lui avait donné une
telle facilité pour les langues vivantes, qu'il était
presque mis au fait du polonais pour l'avoir seulement entendu prêcher quelques fois. »

Enfin voici un homme de lettres : MONCRIF.

François-Augustin Paradis de Moncrif, Parisien,
est surtout connu à cause de l'ouvrage qui faillit le
ridiculiser. C'est à l'Opéra qu'il remporta ses
grands succès, mais qui connaît aujourd'hui *L'ora-
cle de Delphe* et *Zelindor ? Le Rajeunissement inutile*,
est un fort agréable poème. Les *Essais sur l'art de
plaire* pourraient encore être lu avec fruit par la
jeunesse qui y trouverait des recettes pratiques
pour éviter certains ridicules. Mais, jusque dans les
dictionnaires, Moncrif reste l'auteur de l'*Histoire*

des Chats. Il voulut s'y moquer de l'érudition
pédantesque mais le public et les lettrés prirent très
mal la lourde plaisanterie. Les lazzis plurent sur
lui de tous côtés. Le comte d'Argenson, ministre
de la guerre, auquel il demandait la succession de
Voltaire comme historiographe, s'écria : « Historio-
griffe, veux-tu dire. »

Pour faire oublier les lettres « gravement fri-
voles » dont se composait l'*Histoire des Chats*, il
publia un petit roman *Les âmes rivales* fondé sur la
chimère indienne de la transfiguration des esprits.
Un brahme qui en eût connaissance y vit l'ouvrage
d'un génie transcendental et envoya à Montcrif un
magnifique présent. Le public français se contenta
d'y trouver un vif plaisir.

Il fut tour à tour attaché au duc de Clermont,
puis, comme lecteur, à la reine Marie Leczinska.
C'est pour cette princesse qu'il composa ses *Canti-
ques spirituels*.

« Si les talents aimables de M. de Montcrif le
rendirent cher à ceux qui mettent tant de prix aux
agréments, dit d'Alembert, ses qualités person-
nelles doivent le rendre respectable à ceux qui mettent du prix aux vertus. Il était reconnaissant, et
c'était surtout lorsqu'il voyait ses bienfaiteurs dans
l'affliction qu'il cherchait à leur donner des preuves

d'un sentiment si cher à son cœur. Or, le comte d'Argenson, qui avait contribué à sa fortune et qui l'honorait de son amitié, était tombé en disgrâce : M. de Moncrif obtint, non sans beaucoup de peine, d'aller tous les ans quelques mois auprès de lui dans son lieu d'exil... Il était bienfaisant... sa bourse était sans cesse ouverte aux indigents... Un ancien domestique, qu'il avait jugé digne de sa confiance, était chargé de distribuer des aumônes secrètes. Les infortunés... bénéficiaires ignorèrent pour l'ordinaire jusqu'à son nom... Il semblait avoir pris pour maxime le proverbe musulman : « Fais du bien et le jette dans la mer ; si les poissons le happent, Dieu s'en souviendra. »

Moncrif avait de l'esprit. « Savez-vous, Moncrif, lui dit un jour Louis XV, le rencontrant chez la Reine, qu'il y a des gens qui vous donnent quatre-vingts ans ? — Oui, Sire, répondit-il, mais je ne les prends pas ! »

Jean-Armand de Bessuejouls de Roquelaure, docteur en théologie, évêque de Senlis puis aumônier du Roi et conseiller d'Etat, échappa aux massacres de la Révolution, devint archevêque de Malines et ne mourut qu'en 1818 après avoir coudoyé trois générations d'académiciens. Daru qui le connût nous le dépeint au terme de sa longue car-

rière — 1721-1818 — : « Plein de souvenirs, il
inspirait autant d'intérêt que de respect lorsqu'il
nous entretenait de tous les grands hommes avec
lesquels il avait vécu. A l'exemple de tous les vieil-
lards, pour qui les impressions récentes sont fugi-
tives, il aimait à se reporter à quelque distance du
temps présent et parlait de ces illustres morts
comme s'il les eût quittés la veille, comme s'il eût
été encore dans leur intimité : il nous en entretenait, non pour contenir l'amour-propre de ceux qui
l'écoutaient, mais pour exprimer le charme qu'il
avait toujours trouvé dans les relations littéraires ;
et nous n'avons pu voir sans quelque vanité que,
forcé par son âge de renoncer aux soins de l'épis-
copat, devenu insensible aux honneurs, son zèle
pour l'Académie avait survécu à tous les autres
intérêts. »

Nous arrivons à Cuvier et nous n'entrepren-
drons pas, si vous le voulez bien, l'analyse de ses
trente volumes. Il en est un cependant qui devrait
trouver grâce devant nous, celui qui contient ses
Éloges académiques. Mais là aussi il se spécialise
dans la science qui fit l'objet de sa perpétuelle pas-
sion. Pourquoi donc Cuvier a-t-il été appelé à figu-
rer parmi les Quarante ? Nodier va nous le dire :
« Juge de la parole, cette magnifique puissance qui

est aussi une des belles créatures de Dieu, l'Académie honora en Cuvier la faculté d'exprimer avec une élégante correction, et souvent avec une éloquente énergie, les idées et les détails qui semblent le moins se prêter aux combinaisons du style et aux ornements du langage. Elle avait admiré en lui, avec l'Europe entière, l'homme de savoir et de génie qui donnait un autre univers à la pensée. Elle s'associa l'écrivain qui assouplissait notre langue à ces notions nouvelles, sans l'appauvrir d'un faux luxe, comme l'aurait fait la médiocrité, si la médiocrité découvrait quelque chose. Cette double illustration du savant et de l'écrivain n'a jamais été fort commune dans nos fastes littéraires. C'est que le privilège de rendre sensibles à toutes les intelligences les conceptions d'une intelligence élevée, comme Cuvier l'a fait dans ses ouvrages techniques ; c'est que la propriété de raconter des faits vulgaires avec un charme entraînant, et d'exposer des théories sévères et profondes avec une lumineuse simplicité, comme Cuvier l'a fait dans ses excellents *Eloges académiques* ; c'est que l'alliance du talent qui embrasse une méthode avec puissance, et le talent qui développe avec les grâces vigoureuses d'un bon style, ne se trouve que chez les esprits d'élite qui comprennent leur pensée dans tous ses éléments, qui la possèdent dans toute son étendue, qui la suivent dans toutes ses applications, et qui l'épanchent comme ils l'ont reçue, avec ordre et avec clarté. Bien concevoir et bien juger, dit le plus sage des poètes anciens, c'est l'art même de bien écrire. Descartes, Leibnitz, Mallebranche, Buffon, Laplace, Cuvier, sont les modèles du langage comme les maîtres de la science. »

Sauf peut-être le bâtonnier Henry Robert qui fit sur l'*Avocat* et par conséquent sur DUPIN un charmant petit livre, personne ne saurait, parmi les Quarante d'aujourd'hui, citer une phrase du successeur de Cuvier, mais tous sont fiers de pouvoir dire : « Dupin fut des nôtres. » Il y a des noms qui restent lumineux par eux-mêmes, à cause du grand rôle joué par ceux qui les portaient et sans que cet éclat soit alimenté par des œuvres durables. Dupin fut un grand avocat, un grand président, un grand orateur politique. Il a écrit ses *Mémoires* qui ne sont pas méprisables mais qui ne sont pas d'un style à soutenir une renommée. C'est à ses contemporains, non à son œuvre écrite, qu'il faut demander de dessiner son portrait, Cuvillier-Fleury qui lui succéda a pris ce soin :

« Ce qui caractérisait, nous dit-il, le défenseur de tant de clients illustres, c'était une réunion de qua-

lités vraiment unique : nul emportement, beaucoup
d'ardeur ; l'érudition sous la main, la parole à discrétion, l'esprit très moderne avec un goût d'ar-
chaïsme, les citations piquantes lestement accou-
plées aux graves arguments ; une indépendance
alerte et avisée, une âme saine sous une rude enve-
loppe, beaucoup de verve et de patience, de brus-
querie et de bonne humeur, de pénétration et d'entrain, de sens gaulois et de sel attique (quand il le
voulait bien) : gallican régulier et entêté, voltairien
malgré tout : chatouilleux à l'éloge, facile à agacer
jusqu'à l'invective, jamais jusqu'à la colère : rail-
leur puissant, moqueur impassible, gardant son
sérieux quand l'auditoire l'avait perdu, et « telle-
ment occupé de sa cause », disait-il, qu'il semblait
plutôt fâché que complice de ces succès de rire dont
ses clients triomphaient. Ajoutez-y l'action, cette
grande partie de l'orateur, qu'il avait très particu-
lière et très franche... Sa première inspiration était
brusque, un peu incertaine : il semblait souffrir au
début, comme la Pythie antique, sous la pression
du dieu ; une sorte de malaise se trahissait sur son
visage, qui, par un sort commun à quelques grands
orateurs, suppléait à la beauté par l'expression.
Comme il vous emportait ensuite dans son élan et
dans sa force ! Vous avez pu en juger ici, messieurs,

le jour où il vint prendre avec une satisfaction si naturelle sa place au milieu de vous, et lorsque, parlant de l'improvisation, excité par son sujet, on put croire que son discours écrit allait lui tomber des mains. Partout ailleurs, quel entrain ! comme il savait tout dire ! quelle sobriété ! quel relief ! ni déclamateur, ni banal, il raille tous les préjugés, même ceux de sa robe. Il ne s'élève guère, soit dédain, soit impuissance de l'abstraction. Ne lui demandez non plus ni cette véhémence enflammée, ni cette chrétienne ardeur, ni ces viriles harmonies de la voix, du regard et du geste dont vos suffrages ont consacré chez d'autres l'éclatant prestige ; ni cette dialectique patiente et forte, qui monte lentement tous les degrés d'un raisonnement pour trouver en haut l'éloquence. Si puissant qu'il soit dans l'argumentation, c'est moins un plan vigoureusement concerté qu'il exécute que « par vives et impétueuses saillies » qu'il procède. Je cite en l'aventurant un peu ce mot de Bossuet : c'est que les plaidoyers de M. Dupin ont bien ce caractère, la vivacité soudaine et entraînante ; rien ne s'y tient, direz-vous, et tout y est vivant, efficace, irrésistible, comme les charges de Rocroy. Il a l'âme, le visage, l'allure, le cri du combattant... »

En publiant ses *Études et Portraits*, Cuvillier-

Fleury ne cache pas la joie qu'il eut d'avoir été élu à l'Académie Française et de « pouvoir joindre à son nom le titre que, dans sa vie de lettré déjà longue, il a le plus désiré, le seul qu'il ait envié jamais à personne. » Il fut un grand journaliste et il lui fut donné dix ans après sa propre réception d'accueillir, à son tour, un grand confrère, John Lemoinne et l'on a justement détaché, dans une *Anthologie de l'Académie Française* le passage où il parle de « la presse et de l'opinion » :

« Pour être franc jusqu'au bout, mais je vous le dis tout bas, nous sommes des révolutionnaires. Les gouvernements le savent de reste : aussi ont-ils établi une censure qui fonctionne continuellement, rien que pour nous. Mais comme elle n'a jamais rien pu empêcher, ni *Tartuffe*, ni *Le Mariage de Figaro*, ni *Marion Delorme*, nous ne lui gardons pas rancune et nous marchons toujours... La liberté de la presse a, malgré tout, un grand défaut. Elle a été faite pour des hommes, non pour des anges. On s'en aperçoit tous les jours. Elle est une institution humaine, avec la faiblesse et les imperfections de l'humanité. Née d'une grande nécessité sociale, non d'une fantaisie d'innovation, elle est aussi une industrie, un métier : elle tient boutique, et l'on a peine à faire sortir quelquefois, de ces échoppes banales où elle vend ses produits, l'idée de sa grandeur, de son utilité et de sa puissance. Il faut pourtant s'y résoudre. Et savez-vous ce qui la relève de ces misères matérielles de sa condition et de son ménage ? C'est qu'elle a quelque chose au-dessus d'elle, d'où elle tire la force et la dignité. Si humble que soit le journaliste, si cachée que soit sa vie, si masqué que soit son visage, il est au service d'une opinion : il ne vaut quelque chose que moralement, et, le talent à part, que par l'opinion qu'il représente, si elle est honnête. Sans elle sa voix se perd dans l'immense étourdissement des pensées creuses et des pensées sans écho. »

Ce n'est pas du reste le dix-neuvième siècle, constate Cuvillier-Fleury, qui a inventé « l'opinion » quoiqu'il ait inventé « et surtout détruit » beaucoup de choses. Il rappelle le mot que Fénelon prononçait de sa voix la plus douce : « Il faut avoir grand égard à l'improbation du public » et la recommandation de Fiévée à Napoléon : « Méfiez-vous, sire ! sous un gouvernement absolu, l'opinion c'est ce qu'on ne dit pas. » Aussi revenu aux Tuileries après le 20 mars, et à peine établi : « Nous rendrons dès demain la liberté à la presse, disait l'empereur. Pourquoi la craindrais-je désormais ? après ce qu'elle a écrit depuis un an, elle n'a plus rien à dire sur moi, et il lui reste encore quelque chose à dire de nos adversaires. » Il se croyait réconcilié avec l'opinion...

— L'est-on jamais ? mon cher confrère, ajouta en souriant Claretie. Que n'a-t-on pas dit de moi qui ne fut guère un combatif ?

— Et cependant, mon cher administrateur, vous avez tout conquis !

— Chut ! laissez-moi rappeler moi-même le surnom qui me fut décerné au temps où les surnoms étaient à la mode. J'étais alors « Guimauve le conquérant ». Et je n'ai point trouvé cela ridicule...

— Sans doute, mon cher, mon excellent voisin d'hier, mais je n'eusse pas pris la liberté de le consigner ici sans votre aveu. Je sais cependant que vous n'avez jamais eu peur des pointes de l'esprit. Lorsque Robert de Flers fit jouer l'*Habit vert* vous vous écriâtes dans *Vie de Paris* du *Temps* : « Frappez, mon cher confrère, frappez et l'on vous ouvrira ! » Et vous lui avez ouvert... Lorsqu'il parla sur votre tombe, ce même Robert de Flers n'a pas manqué de louer la plus belle de vos qualités : « Depuis quatre jours que Jules Claretie a rendu le dernier soupir, la **somme de bonté** dont dispose la **littérature et le théâtre**, et qui n'est pas excessive, a

brusquement diminué. Demain, s'il y a une bonne
action à accomplir, s'il y a une injustice à dénon-
cer, une campagne dangereuse à entreprendre en
faveur d'un innocent condamné, et qui, comme dit
La Bruyère, devient l'affaire de tous les honnêtes
gens, s'il y a une belle et noble cause à soutenir pour
l'honneur du pays ou pour la gloire des lettres,
ceux qui s'y dévoueront s'apercevront tout à coup
pendant la bataille, qu'ils ne sont pas au complet,
qu'il y a dans leur rang une place, une grande place
restée vide, et qui n'a pu être comblée — Jules
Claretie est mort. » Mort, hélas ! mais pas oublié,
je vous assure, ni oublieux, vous me l'avez prouvé
en m'aidant à mener à bien l'histoire de ce fauteuil
qui vous a permis, en vingt-six ans, si j'en crois
un statisticien, d'avoir à l'Académie quatre-vingt-
quatorze collègues...

Jacques des Gachons.

Versailles, juillet 1928.

TABLE

*Volume décoré de gravures sur bois
par THIOLLIÈRE.*

*Achevé d'imprimer
le 29 Novembre 1928
pour
les Éditions de la Lampe d'Argile
Georges Servant
25, Boulevard Malesherbes à Paris
sur les presses
de
Frédéric Paillart
maître imprimeur à Abbeville*